AF243422

OBSERVATIONS

INTÉRESSANTES,

ET RELATIVES

AU PROCES DES JESUITES

EN PORTUGAL.

OBSERVATIONS

INTÉRESSANTES,

ET RELATIVES

AU PROCÈS DES JESUITES

EN PORTUGAL.

UNE conjuration formée contre un Roi bienfaisant, le coup mortel dirigé par un ingrat Favori, une multitude de personnes arrêtées & conduites en prison, neuf coupables exécutés, voilà, Monsieur, tout ce qu'il y a de certain touchant les affaires de Portugal. Vous attendiez des détails, vous désiriez apprendre quelle fin s'étoient proposée les Criminels dans ce complot barbare, quelles mesures ils avoient prises pour en assurer le succès, suivre enfin de point en point la trame secrette de leurs intrigues, & parvenir par degrés à l'horrible catastrophe qui en devoit être le dénouement ; mais on s'efforceroit en vain de démêler la vérité, du menfonge ; les faits, des conjectures ; les preuves, des imputations. La multitude d'Ecrits qu'on a publiés fur cette matiere loin d'éclaircir nos doutes les a multipliés, nous ne fçavons plus que croire, & la démarche du Confeil Souverain de Caftille qui vient de condamner au feu tous ces papiers, acheve de nous jetter dans l'incertitude. Vous ne diffimulez pas combien vous avez été furpris de ce qu'un Tribunal integre, fage, éclairé, n'a pas craint d'offenfer Sa Majefté Très-Fidele, en flétriffant des Ecrits qui fembloient paroître fous fes aufpices, être avoués du Miniftere, & fe diftribuer par fes ordres dans les Cours étrangeres. Ne craignez point, Monfieur, de trouver la prudence Efpagnole en défaut, accufez plûtôt l'impétuofité Françoife qui nous a fait adopter fans examen & fans réflexion des menfonges mal concertés, des rêveries qui fe détruifent elles-mêmes. Relifez maintenant de fang-froid, fi vous en avez la patience, ces brochures que nous avons faifies avec avidité, vous ferez confus d'y avoir ajouté foi : l'efprit de parti les a vifiblement dictées, l'animofité, l'envie, l'impofture s'y décelent à chaque page ; vous n'y verrez que des allégations fauſſes, des raiſonnemens louches, des contradictions groſſieres, des injures atroces. Quelques obſervations vont juſtifier ce que j'avance & vous convaincre.

Il paroît conſtant que le Duc d'Aveiro étoit à la tête des Conjurés. La premiere choſe qu'on eſt tenté de chercher, eſt le motif qu'il pouvoit avoir d'attenter à la vie précieuſe de ſon Bienfaiteur & de ſon Roi. *On convint*, diſent les Nouvelles Intéreſſantes, quatriéme Suite, page 25, *qu'après que le Roi auroit été aſſaſſiné le Duc d'Aveiro ſeroit proclamé Roi, le Marquis de Tavora pere Vice-Roi héréditaire du Bréſil, le Marquis de Tavora fils & le Comte d'Atouguia Vice - Rois d'Antigoa & des autres établiſſemens dans l'Afrique, qu'on devoit diviſer en deux parties égales.* En ſuppoſant au Duc des vûes ſi ambitieuſes, vous ſentez qu'il dut ſonger d'abord à ſe faire un parti aſſez nombreux pour cauſer une révolution, aſſez puiſſant pour la ſoutenir, aſſez fidele pour ne point abuſer d'une confidence qui expoſoit au plus grand danger les deux principales Familles du Royaume. Au premier coup d'œil, que l'entreprife eft téméraire & hazardeufe ! Comment fe promettre de fuborner la moitié d'une Nation toujours fidelle à fes Souverains , parfaitement heureufe fous un gouvernement doux & tranquille ? Peut-on fe flatter qu'un fecret confié à une multitude de Conjurés, c'eft-à-dire, d'hommes fans religion , fans probité , fans honneur , demeurera long-tems caché ; qu'aucun des complices , pouffé par le repentir ou excité par l'efpoir de la récompenfe, n'ofera revéler cet abominable myftere ? Quel Peuple auffi indifférent pour fon Roi, que l'âne de la Fable l'étoit pour fon maître , s'avifera de lui dire ;

> Et que m'importe à qui je fois ,
> Sauvez-vous, & me laiffez paître ;
> Notre ennemi c'eft notre maître.

L'Hiftoire des conjurations , des révolutions, des guerres civiles nous fait voir dans ces tems orageux le plus grand nombre des citoyens attachés à leur Prince , prêts à partager fes malheurs, à combattre fes ennemis, à mourir victimes d'un attachement facré & inviolable ; l'amour des Portugais pour la Famille Royale n'eût

été ni moins fincere, ni moins géné-
reux, n'en doutons pas : il étoit donc né-
ceffaire aux Conjurés de s'affurer de quelque place forte, de former fecrettement
des magafins, de ramaffer des munitions,
de toute efpece, de pourvoir également
à l'attaque & à la défenfe. L'avoit-on
fait ? Ecoutons le Nouvellifte. *Un fameux garçon Boulanger*, Suite des Nouvelles pag. 5, *a donné avis au Secrétaire
d'Etat qu'il avoit fait venir deux mille
fufils & autres armes pour les Jéfuites.*
On l'a dit il y a long-tems ; les Jéfuites
fe connoiffent on ne peut pas mieux au
choix des fujets ; auffi s'ils ont befoin de
s'affocier un garçon Boulanger, remar-
quez qu'ils en choififfent un *fameux*,
tant ils ont le coup d'œil admirable pour
difcerner l'efprit & les talens, quelque
part que la Nature les ait placés. La maniere dont cet Artifan s'y prit pour trom-
per la vigilance des Magiftrats, juftifia
pleinement le choix dont ces Peres l'a-
voient honoré. L'expédient dont il fe fer-
vit vous paroîtra fpirituel, fingulier, j'ai
prefque dit incroyable. Eh ! qui croiroit,
fi nous ne le fçavions de bonne fource,
que ces deux mille fufils étoient renfer-
més dans les pains qu'on portoit journel-

lement aux Maisons de la Societé ? qui n'auroit été la dupe d'un stratagême si heureusement imaginé ? Le moyen que le Public s'apperçût que chaque Collége de la Societé devenoit insensiblement un arsenal où l'on amassoit tout ce qui étoit nécessaire pour armer les Conjurés ! Par cette découverte, si vous y prenez garde, on nous conduit naturellement à une autre du même genre. Pour peu qu'on soit clairvoyant, on devine sans peine que les Freres Lais chargés par leur emploi du soin d'approvisionner les Maisons, ne manquoient pas d'employer leur sçavoir faire pour transporter de la même façon des boulets, des canons, des mortiers & autres machines de guerre. L'invention du Boulanger une fois trouvée il étoit aisé d'enchérir en imitant. Laissons le préjugé à part, jugeons par analogie, & vous conviendrez que dans un pays ou l'on renferme des fusils dans des pains, ces Messieurs pouvoient bien cacher des bombes dans des œufs, & des mortiers dans des citrouilles. On objectera peut-être qu'on n'a rien trouvé chez eux, quoiqu'on ait porté l'exactitude des recherches jusqu'à fouiller dans les tombeaux ? Qu'est-ce que cela prouve ? Le garçon Boulanger étoit *fameux*, cette circonstance résout la difficulté ; assez habile pour apporter les fusils & les autres armes sans qu'on s'en apperçût, il ne l'aura pas été moins pour les enlever.

Ce qui vous cause quelque embarras, Monsieur, c'est de voir les Jésuites exclus du partage des Royaumes de Portugal. Cette raison vous fait demander quel intérêt ces Peres avoient de souhaiter que le sceptre passât des mains d'un Souverain, sage, doux, bienfaisant, dans celles d'un méchant homme qui leur avoit juré une haine irreconciliable. *Se voyant inquietés* (nous dit-on quatriéme Suite p. 15) *par les severes perquisitions qu'on faisoit sur leur conduite dans le Paraguay, ces Peres penserent sérieusement à prévenir l'orage qui les menaçoit ; tous les Officiers de deux Cours, trois armées entieres, tous les habitans du Brésil déclarent que les Jésuites tiennent les Indiens dans le plus dur esclavage, qu'ils s'emparent de tous les fruits des travaux de ces misérables, qu'ils les laissent nuds & dans la plus grande misere.* Sixiéme Suite, p. 12.

Si ces accusations sont fondées, Sa MajestéTrès-Fidelle devoit à son amour pour ses sujets la délivrance de ces pauvres In diens , & le châtiment fevere de ceux qui les avoient réduits en fervitude. Mais ces accufations ne font pas nouvelles, & ce qui tient du prodige, c'eſt qu'elles ne viennent point de ces peuples dont on nous peint la mifere avec des couleurs affreufes. Si le tableau qu'on nous trace de leurs maux & de leur indigence eſt reſſemblant, ne devoient-ils pas dreſſer une plainte au nom de la Nation pour implorer la juſte protection des Rois de Portugal & d'Efpagne, & s'affranchir du joug infupportable de ces indignes ufur-pateurs ? Quoi ! un peuple auſſi jaloux de fa liberté a-t-il pu souffrir auſſi long-tems fans murmurer, fans fe révolter ? Ne trouveroit il pas, s'il le vouloit, dans fes propres forces un rempart à oppofer à la domination Jéfuitique ? Toutes les fois que des Officiers Efpagnols ont voulu les foumettre, plus jaloux de faire des efclaves que des Chrétiens, ces braves Indiens fe font armés pour défendre leur pays, leurs femmes, leurs enfans, leur liberté ; & quand leurs forces étoient in-férieures à celles de leurs ennemis, on les a vu s'enfoncer dans les bois, cher-cher dans leurs cavernes un afile contre l'oppreſſion, préférer au féjour des Bourgades la vie libre qu'ils menoient auparavant parmi les barbares. Qui les empêchoit d'arrêter par la même réſiſtance les uſurpations tyranniques de la Societé, ou de fruſtrer par la fuite ſon inſatiable avarice ? Eſt-ce reſpeƈt humain ? Eſt-ce crainte ſtupide ? Ce n'eſt pas aſſez dire, & ſi l'on ne ſuppoſe à ces Peres un charme magique, expliquera-t-on la confiance, l'attachement, la vénération que les Indiens ont pour des Miſſionnaires qui les pillent, qui les écraſent ? Concevra-t-on pourquoi ceux qui demeurent habituellement ſur les lieux, ou que la Cour d'Eſpagne y envoye pour rendre compte de l'état des réduƈtions auſſi bien que de la conduite de ceux qui les gouvernent, éprouvent la deſtinée du Prophéte Balaam, & comblent de bénédiƈtions des Miniſtres que le Parti Janſeniſte voudroit voir maudits dans tous les coins de la terre ? Donnez-vous la peine de lire la relation du ſçavant Muratori, qu'il compoſa ſur les meilleurs Mémoires, aidé des entretiens fréquens du Prince *de Santo-Bueno*, qui avoit été durant longtems Vice-Roi du Perou. Conſultez un celebre Academicien qui vit parmi nous *, le ſeul peut-être qui ſoit bien inſtruit du

____
* M. de la Condamine.

gouvernement de ces peuplades par le sé-
jour qu'il y a fait pendant plusieurs années ; ils rendent justice non-seulement à
la ferveur des Néophites , mais à la charité , à la patience , au désintéressement
des Jesuites Missionnaires qui leur ont
porté la lumiere de l'Evangile.

Malgré cela on ne craint pas de nous
adresser à M. Arnaud & à son insipide
Ouvrage la *Morale pratique des Jesuites*,
pour nous mettre au fait des *Doctrines* du
Paraguay , j'aimerois autant qu'on nous
renvoyât au témoignage de quelques Juifs
pour écrire l'Histoire des Apôtres. Comme ceux-ci attribuoient à la crapule l'œuvre du Saint-Esprit , *quia musto pleni
sunt* , ainsi celui-là dans les travaux du
zele ne reconnoît que l'aiguillon de la
cupidité. Mais sauf le respect dû au grand
Arnaud , il me sera permis de réfuter ses
calomnies par des témoignages d'autant
plus véridiques qu'ils sont moins pas-
sionnés.

Si nous en croyons ce pieux Roman-
cier , *la Maison des Jesuites au Paraguay
est un fort château où l'on ne sçait ce que
c'est que d'obéïr ni au Roi , ni au Pape ,
ni à leurs ministres. Ils privent Sa Majesté
Catholique d'un nombre incroyable de vas-
saux.* tom. 3. p. 67.

Vous imaginerez-vous, Monſieur, que ce Docteur Pariſien fût mieux inſtruit que Dom Joſeph Palos de l'Ordre de Saint François, Coadjuteur du Paraguay, qui écrivoit au Roi en Septembre 1724. ,, Je
,, dois aſſurer Votre Majeſté que je n'ai
,, pu voir ſans admiration avec quel ſoin
,, & quelle attention ces Religieux (les
,, Jeſuites) gouvernent ces doctrines, la
,, bonne éducation qu'ils donnent aux
,, Indiens, de quelle maniere ils leur diſ-
,, tribuent la nourriture de l'ame & du
,, corps, l'amour & la fidélité qu'ils leur
,, inſpirent pour Votre Majeſté, &c. *.

Vous ſemblera-t-il plus digne de foi que Dom Bruno Maurice de Zavola, Gouverneur & Capitaine Général de la Province de Rios de la Plata depuis vingt-ſept ans, qui mandoit de Buenos-Ayrès le 4 Décembre de la même année : ,, Je
,, connois aſſez la clémence & la piété de
,, Votre Majeſté, pour ne point douter
,, qu'elle n'envoye un nombre de ſujets
,, proportionné à la néceſſité urgente de
,, cette Province, puiſque la Religion

* Voyez les pieces juſtificatives de l'Hiſtoire du Paraguay, tirées du Conſeil Royal des Indes par Dom Fernand de Trivino qui en eſt Secré-taire.

› Catholique y eſt fort intéreſſée, & qu'il
› s'agit d'y conſerver les Sujets de Votre
› Majeſté dans ces vaſtes domaines de vo-
› tre Empire par le moyen du zele ar-
› dent & infatigable des Peres de la Com-
› pagnie de Jeſus, toujours également
› prêts à donner des preuves de l'affection
› & de la diligence qu'ils font paroître
› en tout ce qui eſt du ſervice de Votre
› Majeſté.

Eſt-il moins ſuſpect ſur le compte des
Jeſuites, que Dom Pedro Faxardo, de
l'Ordre de la Trinité, Evêque de Buenos-
Ayrès, qui loue pareillement leur zele
dans ſon information du 18 Janvier 1725.
› Ils ont dans mon Diocèſe, *écrit-il au*
› *Roi*, & dans celui du Paraguay, trente
› *Doctrines*, où ils ont réuni un très-
› grand nombre d'Indiens : outre cela ils
› ont tout nouvellement réuni quatre
› cents Indiens Tobatines, & leur grand
› zele donne lieu d'eſperer qu'ils gagne-
› ront bientôt à Dieu un plus grand nom-
› bre d'ames rachetées de ſon ſang.....
› &c.

Ces Peres, pourſuit l'oracle du Parti,
*empêchent abſolument les Indiens de ga-
gner leur vie, en ſervant en quoi que ce
ſoit ni leur Roi, ni les Eſpagnols, ni*

l'Eglise ; ce qui les réduit à une si extrême pauvreté que n'ayant pas moyen d'avoir des habits ils sont contraints d'aller tout nuds, tom. 3. p. 168. Conciliez ce rapport avec celui que faisoit au Roi le 15 Janvier 1725 Dom Balthasar Garcia Ros, Lieutenant de Roi & Commandant dans la Province de Rio de la Plata, dont voici les termes. » Ce qui releve encore » le zele qu'ils font paroître pour le ser- » vice de Votre Majesté , c'est le refus. » qu'ils ont fait de la paye qui leur avoit » été assignée, générosité d'autant plus » grande qu'ils étoient obligés de faire » porter de huit lieues les fascines sur » leurs chevaux. Immédiatement après » avoir rendu un si grand service, deux » mille d'entr'eux armés à leurs frais, » & sans avoir reçû aucune solde , pas- » serent par mes ordres à la Province du » Paraguay , &c.

En 1743 Dom Joseph de Peralta, de l'Ordre de Saint Dominique , fit la visite des Missions des Jesuites par ordre de Sa Majesté. Voici le compte qu'il en rendit. » Après le culte religieux, la plus grande » attention des Missionnaires est pour ce » qui regarde Votre Majesté, & ils ont » sur ce point si bien élevé leurs Neophy-

» tes, qu'aujourd'hui même que la fa-
» mine & la petite vérole en ont fait pé-
» rir un grand nombre, elle peut encore
» compter sur douze à quatorze mille
» hommes toujours prêts à prendre les
» armes pour quelque expédition que ce
» soit, comme ils ont fait ces années der-
» nieres dans la Province du Paraguay,
» où ils ont donné des preuves admirables
» de leur valeur, de leur fidélité & de leur
» attachement pour votre Personne roya-
» le, se fournissant à leurs frais de che-
» vaux, d'armes, de munitions, &c.

A quoi songeons-nous, Monsieur? nous avons des hommes admirables parmi nous, & nous nous amusons sottement à éplucher les Ouvrages ignorés de leurs Casuistes, à les outrager dans des brochures que personne ne lit, à les montrer au doigt dans les rues, au lieu de mettre à profit leur étonnante industrie. Que ne prie-t-on ces Peres d'introduire parmi nos troupes la même discipline que chez les Indiens. Nous aurions toujours sur pied cent mille combattans, vrais caméléons, qui, bien que *réduits à une extrême pauvreté & contraints d'aller tout nuds*, refuseroient la paye ordinaire, s'armeroient à leurs frais, défendroient la

Patrie,

Patrie, bâtiroient des forts, payeroient un tribut, & ne se plaindroient jamais. De semblables soldats en campagne ne craindroient ni pour leurs bagages ni pour la caisse militaire.

M. Arnaud parlant des Provinces de Parana & d'Uraguai, gouvernées par les Jesuites, ajoute d'un ton assuré, en homme au fait de sa matiere, *c'est là qu'est leur trésor. Il se trouve une grande quantité d'or dans ces Provinces*, pag. 49. « C'est une imposture manifeste, *répond M. Muratori*, il n'y a pas une seule mine, de quelque métail que ce soit, dans toutes les Provinces que nous comprenons sous le nom de Paraguai. Si l'on venoit à y découvrir des mines d'or, rien ne pourroit arrêter les Espagnols, ils voleroient à ces sources de l'opulence & de la richesse. » *Relat. p.* 254.

Les Jesuites, suivant le même Docteur, ont usurpé, par tyrannie la Jurisdiction Royale, & la Jurisdiction Ecclésiastique.... Ils ne se sont pas seulement assujettis le commun du peuple ; mais aussi les Gouverneurs & les Evêques les traitant comme s'ils eussent été leurs Esclaves, pag. 168. Oh! c'est pousser à bout la cré-

dulité du Public. Prétend-on faire ac-
croire que les Gouverneurs & les Evêques, dès qu'ils font tranfplantés au Paraguai, ne deviennent pas moins ftupi-
des que les Habitans. Quand l'air de cette
contrée feroit auffi lourd, auffi funefte que
celui de la Béotie, les Miffionnaires n'en
éprouveroient-ils pas comme les autres
la contagieufe influence ? D'ailleurs où
trouve-t-on des hommes qui pouffent
l'indifférence jufqu'à fe laiffer fouler aux
pieds par ceux qu'ils doivent maîtrifer.
Tout le monde eft jaloux de fes prérogati-
ves & de fes droits. L'amour propre ne
manque à perfonne. Dans la diftribution
qu'en fait la Nature, chacun a un fi bon
lot qu'il peut fe croire partagé en aîné.
M. Arnaud peut-être en avoit plus qu'un
autre ; mais il fuppofe, contre toute vérité, que les Prélats & les Gouverneurs
dont il parle, ignoroient ce que c'étoit,
& fe laiffoient brider comme des oifons.
Il fuffit de connoître l'homme pour le
croire fenfible aux mauvais traitemens,
& furtout au mépris. Fût-il trop foible
pour fe venger par un coup d'éclat, il
n'eft jamais affez apathique pour ne fe
pas plaindre. Or, ces Evêques ne l'ont
pas fait. Pourquoi ? parce qu'ils n'avoient

pas lieu de le faire, voyant les Jeſuites remplir les fonctions de Vicaires, loin d'envahir l'autorité des Pontifes. C'eſt ce que démontre la Lettre de Dom Jean de Sarricolea y Olea, Evêque de Tucuman, depuis ſucceſſivement Evêque de Santyago, du Chile, & de Cuſco, datée du 20 Avril 1729, & adreſſée au Roi. « Il n'eſt pas poſſible, *dit-il*, qu'un Curé » qui eſt ſeul chargé d'une Paroiſſe de trois » lieues d'étendue, & qui eſt fort pauvre, » inſtruiſe tous les Paroiſſiens, & leur ad- » miniſtre une fois l'année les Sacremens » de Pénitence & d'Euchariſtie. Or, ces » infatigables ouvriers (les Jeſuites) ſe » font leurs Coadjuteurs & ſuppléent à ce » qu'ils ne peuvent faire, & le font gra- » tuitement. » C'eſt ce que prouve encore l'Inſtruction que donne aux Evêques Dom Jean de Palafox, Evêque d'Oſme, dans ſes directions Paſtorales, traduites en François, & imprimées à Paris chez Se- baſtien Mabre Cramoiſi l'an 1671. Voici de quelle maniere il s'exprime : « Bien » que le Prélat ait une affection générale » pour toutes les Communautés Religieu- » ſes, qu'il ſe ſerve beaucoup des Péres de » la Compagnie de Jeſus, dont les qua- » lités & les perfections conformes à

» l'essence de leur état , font un moyen
» des plus efficaces & des plus utiles,
» dont les Evêques se puissent servir pour
» accomplir les devoirs d'un ministere
» aussi grand & aussi important qu'est la
» conduite de leur Diocèse. » Ce respectable Evêque n'étoit pas d'humeur à se
rendre esclave des Réguliers ; le démêlé
qu'il eut avec eux au sujet de la jurisdiction Episcopale le démontre assez claire-
ment.

Enfin, M. Arnaud ne cesse de répéter
en mille endroits, *que les Jesuites ont
usurpé la jurisdiction Royale , qu'ils ne
tiennent compte d'observer la forme pres-
crite par le Patronage Royal , qu'ils ré-
voltent les Indiens contre Sa Majesté , &
la privent d'un nombre incroyable de Vas-
saux , en empêchant qu'ils ne lui payent
aucun tribut.* Ne seroit-il pas plaisant que
ce méchant Avocat qui veut plaider bon
gré malgré en faveur du Roi d'Espagne, gagnât sa cause au Tribunal d'un
Public éclairé, contre Philippe V lui-
même, qui dit expressément dans un dé-
cret dont je transcris la conclusion :
« Etant manifeste par les Ecrits anciens
» & modernes qui ont été vus dans mon
» Conseil, & examinés avec toute l'at-

» tention que demandoit une affaire si
» importante dans toutes fes circonftan-
» ces , que les faits les plus véridiques
» juftifient, que dans aucune portion des
» Indes mon Domaine & le droit de Vaf-
» felage n'eft plus généralement reconnu
» que dans ces Bourgades, ni le Patro-
» nage Royal, ni la Jurifdiction Ecclé-
» fiaftique & Royale mieux établie, com-
» me le prouvent les vifites continuelles
» des Evêques & des Gouverneurs , &
» l'obéiffance aveugle que ces Indiens
» rendent à leurs ordres, fpécialement
» lorfqu'ils font mandés pour la défenfe
» du pays , ou pour quelqu'autre entre-
» prife que ce foit, y ayant toujours qua-
» tre ou fix mille Indiens armés prêts à
» marcher où on leur ordonne. J'ai ré-
» folu de faire expédier une Gedule pour
» faire connoître au Provincial la fatisfac-
» tion que je reffens de voir s'évanouir à
» la lumiere de tant de juftifications , les
» calomnies & les impoftures d'Aldunaté
» & de Barua, & la grande application
» de la Compagnie à tout ce qui eft du
» fervice de Dieu, du mien , & de celui
» de ces malheureux Indiens, que j'efpere
» qu'elle continuera avec le même zele ,
» & la même ferveur à gouverner ces Ré-

» ductions , & à prendre le même soin
» des Indiens, &c. » Donné à Buen-Re-
tiro 28 Décembre 1753.

Je ne sçaurois entendre , Monsieur,
ces accusations cent fois rebattues , sans
désirer de tout mon cœur qu'elles finis-
sent , que les différentes Cours de l'Europe s'accordent entr'elles, pour rappeller
dans leurs Etats les Jésuites Missionnaires
qui sont nés leurs Sujets , pour envoyer à
leur place tous les Jansénistes qui vivent
sous leur dépendance , & les mettre en
possession des Etablissemens , des Cures,
des Comptoirs , des Boucheries , des ri-
chesses que laisseroient les premiers , à
condition qu'ils cultiveroient le champ
du pere de famille , & fourniroient les
Contrées idolâtres d'ouvriers Evangéli-
ques. Ce système auroit ses inconvéniens,
je le sçais , mais aussi que ne puis-je en
détailler les solides avantages ? Les Etats
Catholiques jouiroient d'une paix inalté-
rable , plus de dissensions domestiques ,
d'appels contentieux , d'assemblées clan-
destines. La loi du silence seroit univer-
sellement observée. Aussi bons patriotes,
que gens désintéressés, les nouveaux Apôtres feroient part au Gouvernement des
trésors que cachoient leurs Prédécesseurs.

La propagation de l'Evangile ne feroit ni moins univerfelle, ni moins rapide. Je vous laiffe à penfer avec quelle intrépidité ces enfans de la Grace franchiroient les obftacles & braveroient les dangers. Craindroient-ils la baftonnade à la Chine? En France ils font familiarifés avec les coups de buche. Appréhendroient-ils en Grece d'être empalés? A Paris ils fe font mettre impunément à la broche. Faudroit il réunir les Grecs fchifmatiques à l'Eglife Romaine? Ils en viendroient à bout par Sentence de Primatie. S'agiroit-il de gagner les Jongleurs du Canada & du Maduré? Les Convulfionnaires ne feroient avec eux qu'un feul corps de métier. Mais à quoi, direz-vous, feroit propre le Gazetier Eccléfiaftique: j'en fuis embarraffé. Il continueroit, s'il ne pouvoit mieux faire, à compofer les légendes ennuyeufes des faints nouveaux, dont il peuple fon calendrier.

En attendant que ce projet fe réalife, s'il doit un jour être exécuté, abandonnons M. Arnaud & *fa morale pratique*, pour revenir aux nouvelles intéreffantes. Elles nous repréfentent les Jéfuites comme *les premiers & principaux moteurs de l'affaffinat*, quatriéme Suite pag. 7. Le

Duc d'Aveiro n'eſt qu'un inſtrument dont ils ſe ſervent avec plus de bonheur que de prudence pour l'exécution de leur déteſtable deſſein. Où étoit, me demandrez-vous, la politique de ces Peres adroits & ruſés en employant un homme naturellement fourbe, méchant, fier, ambitieux, leur ennemi cruel ? Devoient-ils compter ſur ſa bonne foi ? Sa réconciliation avec eux n'étoit-elle pas un piége qu'il leur tendoit pour les perdre ? Si leur ſécurité vous paroît étrange, vous ſerez bien plus étonné des moyens qu'ils ont mis en uſage pour le gagner. *Ils lui ont fait faire trois retraites conſécutives, pendant leſquelles ils ne ceſſoient de lui repréſenter l'attentat contre le Roi, comme une action néceſſaire, héroïque & méritoire de la vie éternelle,* troiſiéme Suite page 4. Je le demande à quiconque ſçait ce ce que c'eſt que *les exercices ſpirituels,* ne falloit-il pas être bien ſtérile en expédiens, pour recourir à celui-ci ? La méditation, le chapelet, l'examen de conſcience, l'exercice de la mortification chrétienne, voilà ce que des gens madrés ont pu trouver de plus propre à flatter les paſſions du Duc d'Aveiro.

Le bel appas pour amorcer un homme

adonné

adonné de tout tems au jeu, à la chasse &
au plaisir ! N'importe, Malagrida parle,
le Duc est fasciné. Le dégoût fait place à
l'enchantement, sa fierté dégénere en
simplardise, les lumieres de sa raison
s'éteignent, la torche du fanatisme luit à
ses yeux, il oublie les loix divines &
humaines, & ne doute pas que, s'il regne
sur la terre meurtrier de son Roi, il ne
mérite de regner dans le ciel à la droite
du Sauveur des hommes.

Vous voyez que tout réussit au gré des
Jésuites jusqu'aux plus lourdes sottises ;
pardonnez-moi ce terme en faveur de la
vérité. Car, enfin, choisir son mortel
ennemi pour en faire son confident ; es-
pérer de gagner un scélerat par l'attrait de
la priere ; lui faire désirer le trône en lui
persuadant que le moindre de ses Sujets
pourra, sans péché veniel, attenter à ses
jours ; faire entrer des femmes dans une
conjuration pour en garantir le secret ;
répandre dans le Public que le Roi mourra
dans un tems fixé, pour ne pas paroître
instruit qu'on machinoit sa mort ; n'est-
ce pas choquer directement les regles de
la prudence & du sens commun ? Tout est
bon, rien n'effraye nos Historiens, ils
ne sçavent pas même, dès qu'il s'agit de

C

noircir les Jesuites, respecter la vraisem-
blance.

*Quand on fut convenu du jour de l'assas-
sinat, ces Peres travaillerent à y prépa-
rer le Peuple, en lui insinuant qu'ils
avoient révélation que le Roi ne pouvoit
pas vivre tout le mois de Septembre ; le
bon Pere Malagrida l'écrivoit à Rome,
quatriéme Suite page 16.*

Vous qui demandez des détails, Monsieur, vous seriez charmé qu'on rendît
publique cette Lettre du P. Malagrida :
le moment n'est pas encore venu, il faut
attendre. Ne soupçonnez cependant pas
qu'on la tienne secrette par ménagement
pour les bénits Peres, on a surement une
autre raison. Dès qu'on pourra vous en
faire part, le Gazetier Ecclésiastique se
chargera de ce soin avec complaisance.
Je présume qu'il n'attend que cette occa-
sion pour citer une autre Lettre, qu'il dit
avoir entre les mains, dans laquelle le P.
Berthier donne à l'Auteur du livre de l'*Esprit* les éloges les plus distingués. Que
n'avons-nous déjà cette piéce intéressante!
Le Gazetier n'ignore pas qu'il est de son
honneur de répondre au défi que lui a
donné ce sçavant Journalifte ; ce n'est pas

ici la place *du silence respectueux* *.
Quant aux révélations, n'est-ce pas insul-
ter la nation Portugaise, que de la croire
assez simple, assez crédule pour adopter
sans défiance des visions fanatiques. Le
bruit de la mort prochaine du Roi répandu parmi le peuple ne seroit-il pas venu
bientôt à l'oreille des Grands & des Ministres? N'auroit-on pas usé de diligence
pour aller à la source, & punir les Auteurs de ces propos séditieux? Encore si
les PP. Jésuites étoient sur le pied d'avoir
parmi eux des Thaumaturges & des Pro-
phétes, on seroit plus fondé à dire qu'ils
ont abusé le peuple par de fausses pro-
phéties & de prétendus miracles. Mais
depuis que la Société subsiste, elle me
permettra de le publier à sa honte, elle
n'a pû produire aucun saint qui eût assez
de crédit auprès de Dieu, pour nous affli-
ger de la moindre convulsion.

Tout étant disposé de la maniere qu'on
vient de dire, le bon homme d'Aveiro,
car les exercices spirituels l'avoient tota-

* J'apprends que le Nouvelliste Ecclésiastique
s'est retracté, ce qu'il n'a pû faire sans se dé-
clarer fourbe, méchant, calomniateur. Qu'on
dise après cela que ses feuilles ne contiennent
pas un mot de vérité.

lement changé, convaincu qu'il n'y avoit pas le moindre petit péché véniel à tuer un Roi, eut envie de le devenir, & choisit deux hommes pour tirer sur Sa Majesté Très-Fidelle. *Un grand crime ne se commet pas sans un grand intérêt.* Il le sçavoit, c'est un axiome généralement reconnu en Portugal ; aussi destina-t-il à ces deux monstres une grande récompense. *Il est prouvé que les deux chefs de cette infâme conjuration ont fait une très-indigne quête pour former une somme de douze cents francs.* Voilà, Monsieur, l'endroit le plus sensé du jugement. En effet, qui ne regardera comme un procédé très-indigne, que deux familles les plus distinguées du Royaume, les Seigneurs les plus riches de la Cour s'abaissent à faire une quête, & à boursiller pour ramasser une somme aussi modique que celle de douze cents francs. Des quarante Moëdas qui furent livrés aux abominables exécuteurs de l'attentat, la Marquise de Tavora en avoit fourni seize, le Marquis de Tavora douze, le Comte d'Antoguia huit. Il est probable que le Duc d'Aveiro fournit les quatre autres ; c'est assurément acheter une couronne à bon marché ; mais admirez-vous les Peres Jésuites, qui n'ont rien donné, quoiqu'ils ayent dans le nouveau Monde dés tréfors cachés , & par-tout ailleurs d'énormes richeffes? Ce trait n'acheve-t-il pas de les convaincre de ladrerie.

Lorfque le Roi fortoit de la porte *Da-Quinta , appellée Do-Mayo , près de cette porte trois des Conjurés , montés à cheval , tirerent fur le derriere du caroffe trois coups de moufquets,* Edit. pag. 23. Si nous en croyons les Nouvelles Inté-reffantes, pag. 3. *Ces trois hommes à cheval fe préfenterent devant la chaife. L'un d'eux armé d'un bracmare le met dans la voiture & tire.* Comment feront un jour les Hiftoriens pour déterminer, fi les coups facriléges qui ont bleffé Sa Majefté Très-Fidelle ont été tirés devant ou derriere la chaife ? Il y aura de gran-des diffenfions ; chacun appuyera fon fentiment fur le témoignage d'un Auteur contemporain. Après de longs débats le fait demeurera indécis. C'eft ainfi que naiffent les démêlés Hiftoriques. Quoi qu'il en foit, cette contradiction ne doit pas vous étonner ; elle vous prépare feu-lement à quelques-unes plus fingulieres & plus frappantes.

Après l'attentat commis, on arrête les coupables, ils font conduits à la tour de

Bélem ; on leur fait subir l'interrogatoire
pour avoir l'aveu de leur crime, & la
révélation de leurs confédérés, mais inu-
tilement : *les Criminels se sont toujours
tenu sur la négative avec l'opiniâtreté la
plus inflexible , tant par rapport à eux-
mêmes , qu'à l'égard de leurs complices ,*
Manif. p. 32. Pourrez-vous, Monsieur,
m'expliquer cet énigme ; me direz-vous
comment on sçait, s'ils n'ont rien avoué ?
*qu'on les avoit persuadés qu'ils ne se ren-
droient pas coupables d'un péché véniel ,
en prenant part à l'horrible attentat ,*
Manif. p. 32. Comment *il est pleinement
justifié par la confession de la plus grande
partie des Criminels , que Joseph Masca-
renhas avoit conçu une haine implacable
contre le Roi ,* Jug. p. 3. Comment *il est
justifié par la propre confession de Joseph
Romeiro , que le Marquis de Tavora lui
avoit fait la confidence de ce qui s'étoit
passé le soir devant la nuit qui précéda
l'attentat , &c.* Jug. p. 16. Comment
*le Duc d'Aveiro a déclaré dans la torture ,
qu'il avoit été engagé à conspirer contre
le Roi par trois Jesuites , que ces Peres
lui avoient fait faire trois retraites consé-
cutives , &c.* Troisiéme suite p. 4. Vous
n'ignorez pas que le Jugement du Conseil

Souverain, où font rapportés les aveux des coupables, eſt du 12 Janvier, & que le manifeſte du Roi qui conſtate l'opiniâtreté de leur ſilence eſt du 16. On ne peut donc ſuppoſer que les Criminels ayent refuſé d'abord de parler, & ſe ſoient déterminés enſuite à confeſſer leur crime, vaincus par les remords de leur conſcience, ou par la rigueur des tourmens. Ces deux rapports vous paroiſſent contradictoires, ils ne ſemblent tels qu'à vous ; malgré cela, combien de gens les croyent ; le plaiſir de calomnier les Jeſuites eſt bien vif, s'il dédommage de ce qu'il en doit couter à la raiſon, pour ſe prêter à de pareilles impoſtures.

Après avoir examiné l'aveu des coupables, venons aux témoins qui ont dépoſé contre les bons Peres, & les ont convaincus de complicité. Ces témoins ſont-ils ſuſpects ? Nullement, puiſqu'ils ſont eux mêmes Jéſuites. N'ont-ils pas été ſubornés ? La choſe n'eſt pas poſſible, il y a près d'un ſiécle qu'ils ſont morts. Étoient-ils d'une probité reconnue ? Je le crois, mais tout le monde n'en convient pas. Comment des morts ont-ils dépoſé contre des vivans ? Par leurs Ecrits. Je m'explique : vous ſçaurez, Monſieur,

qu'on a fouragé dans toutes les biblio-
théques de Lisbonne, de Paris, & peut-
être de Hollande. On a feuilleté quantité
de vieux Livres ; on a comparé, tranfcrit,
expliqué plufieurs textes, & par des recherches très-laborieufes on eft heureufe-
ment parvenu à découvrir tout le myf-
te. Il eft juftifié que le principal auteur
du complot eft un certain quidam nommé Nicolas Machiavel, dont l'abominable doctrine a féduit les PP. Bufembaum
Leffius, Viva, Caftropalao, Torrecilhas,
&c. Touché de leur égarement *le très-
pieux & très-docte Théologien Frere Da-
niel Concina, Jacobin, qui toute fa vie
a combattu leurs erreurs*, Manif. p. 28.
31. tacha de les convertir. Mais bien
qu'un Jacobin ait une grace toute particuliere pour exterminer l'exécrable doctrine du *Regicide*, il eut la douleur de
n'y pas réuffir. Les Peres étoient trop
endurcis. Ils corrompirent par de mauvais enfeignemens le cœur & l'efprit de
ceux qui vivent actuellement en Portugal,
lefquels ont à leur tour perfuadé ces per-
nicieufes maximes au Duc d'Aveiro, à la
Marquife de Tavora, & aux autres Conjurés. Ainfi l'attentat du 3 Septembre
vient en droite ligne de Nicolas Machia-

vel. C'est ce que nous enseigne par une foule de citations le sçavant Auteur du Manifeste.

Maintenant que les Jésuites ci-dessus nommés ayent été Machiavelistes, c'est un point qu'on ne sçauroit contester ; premierement, par la raison générale que ces Peres sont en possession d'être tout ce qu'on peut imaginer : Ariens, Sociniens, Pélagiens, Nestoriens, Manichéens, Magiciens, Déistes, Spinosistes, Quietistes, Molinistes, Probabilistes, Pichonistes, Fusilliers, Canoniers, Bouchers, Usuriers, Meurtriers, Usurpateurs, Ingénieurs, Empoisonneurs, Farceurs, Menteurs, Voleurs, que ne sont-ils pas ? Ils ont tous les vices, ils ont commis tous les crimes, ils sont infectés de toutes les erreurs, hormis peut-être du Jansenisme. *Ce sont des sauterelles, des scorpions, des viperes, des sangliers, des bêtes féroces, des nuées sans eau, des vagues furieuses, des étoiles errantes, ils suivent la voie de Caïn, ils sont trompés comme Balaam, ils imitent la rebellion de Coré.* En un mot, ils sont tels qu'ils obligent toute ame dévote de s'écrier avec effusion de cœur, *mon Dieu, brisez-leur les dents dans la bouche, écra-*

sez cette race de viperes, détruisez & dif-
sipez ce corps monstrueux. Effusion de
cœur à Dieu au sujet des Jésuites p 4. 7.
8. 12.

Secondement, il est prouvé que les
PP. Lessius, Busembaum, Viva, &c. *ont*
écrit & enseigné en d'autres termes, mais
dans le même sens, ce que Machiavel
avoit écrit, Manif. p. 7. Vous voilà tiré
d'une grande erreur ! Vous aviez cru jusqu'ici, Monsieur, & cela sur la parole
d'une foule de Théologiens modernes,
qu'il n'étoit presque pas possible de découvrir le vrai sens d'un Livre, que le
Pape s'y trompoit tout comme un autre,
que Clement XI en avoit fait la triste
expérience. L'Auteur du manifeste vous
montre le contraire, il a l'intelligence
parfaite du sens de Machiavel, & des
Moralistes, qui ont suivi ses traces. *A*
fortiori d'autres l'auront-ils ? Enfin, les
Jésuites qui vivent aujourd'hui en Portugal, ont-ils adopté les mêmes erreurs de
Machiavel ; a-t-on démontré qu'ils en-
seignent cette doctrine, & la pratiquent ?
L'Auteur du Manifeste me fournit la ré-
ponse. *Pour mettre le comble à la con-*
viction, que les Jésuites pratiquent encore
actuellement ces maximes détestables, il

ſuffit de lire la Sentence de dégradation rendue par le Tribunal des Ordres le 21 Janvier on y lit ces paroles;

« Et quoique les Criminels, François
» de Aſſiz de Tavora & **D.** Jerôme de
» Ataïde ayent opiniâtrement nié de s'ê-
» tré trouvés préſent au ſuſdit attentat,
» ils en ont été néanmoins pleinement
» convaincus par un grand nombre de
» témoins oculaires, & par des faits per-
» ſonnels, qui en quelque cas que **ce**
» ſoit, forment des preuves conformes
» au droit-

Je prévois, Monſieur, que cette dé-monſtration ne vous paroîtra, ni aſſez clai-re, ni aſſez ſenſible. Vous ſerez embar-raſſé de tirer du fait qu'on avance, une concluſion contre les Jéſuites Portugais. Elle n'eſt pas immédiate, il eſt vrai, mais elle eſt néanmoins directe & preſ-ſante. On atteſte que deux criminels ont opiniâtrement nié un crime, dont ils étoient d'ailleurs pleinement convaincus; qu'ils ont conſéquemment ſuivi cette ma-xime Machiavelique, *ſi le menſonge eſt utile pour la conſervation du corps, on peut mentir ;* or cette maxime a été enſei-gnée autrefois, à peu de différence près, par des Religieux de la Compagnie, &

par leurs adhérens, Manif. p. 25. Donc leurs Succeſſeurs, à peu de différence près, l'enſeignent encore aujourd'hui. Vous ſentez toute la force de ce raiſonnement : donc ces mêmes Succeſſeurs l'ont enſeignée à François de Affiz de Tavora & à D. Jerôme d'Ataïde. Cette conféquence n'eſt pas moins juſte & moins évidente que l'autre, car ſans l'enſeignement des P. P. Jéſuites, ces deux Criminels euſſent-ils jamais ſongé à faire un menſonge pour conſerver leur vie ? Quelqu'incrédule oppoſera peut-être l'exemple de Caïn, qui, après avoir égorgé Abel, mentit au Seigneur dont il craignoit la vengeance, en lui diſant, qu'il ne ſçavoit où étoit ſon frere ; cela prouve ſeulement que Caïn étoit Machiavelifte ; François d'Affiz de Tavora, & D. Jerôme d'Ataïde ne l'étoient pas, & n'ont pû le devenir que par l'inſtruction des Jeſuites, *qui ſuivent la voie de Caïn*.

D'ailleurs pourquoi trouverez-vous mauvais qu'en faiſant le procès aux Jéſuites Portugais, on admette en preuve les Ecrits de leurs Caſuiſtes, puiſqu'on eſt bien venu à bout de convaincre de complicité Miguel ſur ſon extrait baptiſtaire. Il ſe nommoit Jean, grace à ſon

Parrein, qui ne prévit pas sans doute quelles en seroient un jour les conséquences. Il n'en a pas fallu davantage pour conftater fon crime. Vous me direz qu'on a eu contre lui des indices furabondans, car *outre la preuve qui réfulte de fon nom de Jean qù'il étoit un des complices de l'affaffinat, il a depuis été convaincu par la déclaration de fon maître même* *. J'en conviens, mais il en eft ainfi, vous répondra-t-on, des Peres Malagrida, Jean Mathos, Jean Alexandre. N'a-t'on pas contre ces Religieux d'autres témoignages que ceux qu'on emprunte de leurs anciens Cafuiftes ? N'eft-il pas avéré que le premier eft un charlatan fpirituel, un Prophete de malheurs ? N'eft-il pas notoire que les deux autres s'appellent

---

* Le Maître de Miguel, étoit le Duc d'Aveiro, un de ceux qui fe font toujours tenu fur la négative avec une opiniâtreté inflexible. Cet endroit du Jugement eft remarquable. » Il eft » encore prouvé que le neuviéme Complice » que les Chefs fufdits affocierent à leur con- » juration, eft Jean Miguel, Laquais & grand » confident du fufdit Criminel, Dom Jofeph » Mafcarenhas. Outre la preuve qui réfulte de » fon nom de Jean, qu'il étoit un des compli- » plices de l'affaffinat de la nuit du 3 Septem- » bre, il a depuis été convaincu, &c.

Jean ? *Outre la preuve qui réfulte de leur nom de Jean, n'y a t'il pas des préfomptions de droit dont il eft indifpenfable de leur faire à tous l'application.*

Il ne nous refte donc, Monfieur, qu'à examiner ces préfomptions dont on fait fonner fi haut la valeur, qu'on ne craint pas d'affurer que *chacune eft réputée pour vérité certaine & pour preuve pleine & tres-évidente, qui décharge de l'obligation d'en chercher aucune autre.* Jug. p. 27. La premiere eft celle-ci. *Semel malus femper præfumitur effe malus in eodem genere mali.* Quiconque a été méchant une fois, eft toujours réputé méchant dans le même genre de méchanceté. Si cette maxime eft établie en Portugal comme un principe inconteftable, il n'eft plus queftion que de prouver que les Jéfuites fe font déjà fignalés par des forfaits femblables. Mais pour cela fuffit-il d'avancer que l'attentat du 3 Septembre *eft une copie de l'horrible parricide commis fur la perfonne d'Henri IV.* Manif. p. 28. 1°. On n'y voit aucune reffemblance. Le Portugal tranquille au-dedans & au-dehors, féparé des Puiffances qui font en guerre, goûtoit les douceurs de la paix, & n'avoit rien à défirer que la confervation d'un

Prince qui fait son bonheur. La France au contraire sous Henri le Grand venoit d'être ébranlée par des guerres civiles. Le faux zele qui avoit armé les Ligueurs n'étoit qu'assoupi. Il restoit un levain de fanatisme qui fermentoit encore dans les esprits. A Lisbonne on prétend que le Duc d'Aveiro dévoré par une ambition démesurée, n'aspiroit à rien moins qu'à se faire proclamer Roi, sous le nom de Joseph II. A-t-on jamais dit à Paris que Pierre Barriere, Batelier de Loire, Jean Chatel, fils d'un Marchand de Drap, François Ravaillac, ex-Feuillant, ensuite Praticien, eussent ambitionné l'honneur d'être couchés sur la table généalogique de nos Rois, & d'y figurer avec les Bourbons.

2°. Dans le procès de Ravaillac les Jésuites ont ils été convaincus de complicité ? où est la Sentence rendue contr'eux ? quels sont les coupables que la Justice a punis ? tout le monde sçait que l'affaire du P. Guignard est étrangere au meurtre d'Henri IV.

3°. Les crimes sont personnels. La présomption de droit ne peut donc avoir lieu contre des Particuliers, qu'on ne montre auparavant qu'ils ont été méchans dans le même genre de méchanceté. Or qu'on nous dife quels affaffinats ont déjà commis les trois Jéfuites. Que leur importe ce qu'on dit, fait, ou penfé leurs Peres. A propos d'un meurtre, la Juftice ordonne-t-elle d'arrêter tout homme qui a le malheur de compter pour fes ancêtres un meurtrier ? Chacun répond pour foi ; nous ne connoiffons point de Tribunal où foit admis en matiere criminelle ce ridicule argument :

Si ce n'eft toi, c'eft donc ton frere,

'. . . C'eft donc quelqu'un des tiens. la Font.

Ce n'eft que chez les loups qu'on punit l'innocent *fans autre forme de procès*.

Un faifeur de *réflexions* eft venu fort à propos à l'appui du jugement, mais il auroit dû, au moins pour procurer le plaifir de la variété, fuivre une méthode différente, & ne pas tellement s'afervir à fon modele qu'il femblât le copier. Il part aufli de ce principe que les attentats du 3 Septembre 1758 & du 5 Janvier 1757 ont la même caufe. Vous comprenez auffitôt qu'il fait les Jéfuites auteurs de celui-ci. Obfervez comment il le prouve. *Combien de rapports*, dit-il, *entre ces Peres*

&

& l'infâme affaſſin ne trouve-t'on pas conſ-
tatés, même dans le procès. 1°. On y voit
que les Jeſuites ont été les premiers maî-
tres de Damiens, p. 4. Que n'ont-ils été
les derniers ! notre Auteur eût tiré de cette
circonſtance un bien plus grand avantage.
Vous pouvez compter qu'il l'auroit inſ-
tallé parmi les Congréganiſtes, qu'il l'eût
fait paſſer par la Chambre des Médita-
tions, & je ne ſçais s'il l'auroit diſpenſé
de faire le quatriéme vœu. Mais enfin
avant d'entrer au College de Louis le
Grand en qualité de domeſtique, Damiens avoit été au ſervice des Religieux
de l'Abbaye de Saint Vaaſt & de M. Du-
tras, Capitaine Suiſſe, en a-t-on conclu
quelque choſe contr'eux ? Chaſſé de la
maiſon des Jéſuites, il s'eſt placé ſucceſſivement dans ſeize maiſons différentes.
A-t-on ſoupçonné les perſonnes qu'il a
ſervies ? 2°. C'étoit chez eux qu'il ſe con-
feſſoit même dans les derniers tems. L'Auteur abſorbé dans ſes réflexions a-t-il ou-
blié qu'il écrivoit pour des Lecteurs inſ-
truits de la vérité, & dont il ne pourroit
ſurprendre la bonne foi par un ſi hon-
teux artifice ? A quoi bon diſſimuler ? Ne
ſçait-on pas que ceux à qui ce malheureux avoit donné ſa confiance ſont fort

D

distingués des Jesuites, & plus peut-être encore par les sentimens que par l'habillement ? *A lui demandé quel Confesseur il désire, a dit qu'il vouloit avoir un Prêtre de l'Oratoire, n'importe lequel . . . A dit qu'il a été à confesse il y a quelque tems, dont il ne se souvient pas précisément, aux Prêtres de l'Oratoire de la rue Saint Honoré. Interpellé de dire s'il n'a pas été à confesse aux environs des Fêtes de Noel dernieres pendant qu'il étoit à Arras, a dit que non.* Procès p. 158. 3°. *Il avoit épousé leur Doctrine sur le meurtre des Rois.* Nouveau mensonge : Damiens ignoroit si jamais on avoit enseigné cette horrible Doctrine, & quand même les Jésuites eussent tenté de le séduire, il étoit en garde contre eux, puisqu'il haïssoit leur façon de penser. *A dit de lui, qu'il désire la protection des Jésuites, mais qu'il hait leur façon de penser, & que s'il a vécu chez eux, c'est par politique & pour avoir du pain. Interrogé s'il a jamais entendu enseigner qu'il y ait aucun cas où il soit permis d'attenter à la vie de son Souverain, a dit, qu'il ne croit pas que personne ait jamais osé enseigner une doctrine pareille.* p. 137. 149. 4°. *Il étoit singulierement animé d'un esprit de fanatisme contre les prétendus Janfeniftes dans le cours de fon voyage en Flandres.* Autre impofture, à moins que fous le nom de prétendus Janfeniftes, on ne comprenne M. l'Archevêque de Paris, les Prêtres qui exigent des Appellans à la mort la foumiffion à la Bulle, & les Jéfuites. C'eft feulement contre ces perfonnes qu'il fe déchaînoit avec emportement, comme il le déclare : *A dit, qu'il n'a pas dit du mal contre tous les Eccléfiaftiques, n'en a dit que contre les Moliniftes & ceux qui refufent les Sacremens.* p. 185.

On feroit tenté de croire que notre Auteur voit avec chagrin dans le procès de ce Criminel quantité de faits qui *retentiffent* à fon Parti. Je prends part à fa peine, je la fentirois auffi vivement que lui, fi j'étois à fa place. Mais ne voit-il pas que c'eft rendre fa caufe encore plus mauvaife, & fe couvrir d'un nouvel opprobre que de mentir avec une effronterie, une licence plus que Machiavelique. Ce procédé, indigne d'un honnête homme, marque des fentimens bas, refpire l'anti - chambre, & n'eft propre qu'à confirmer ce que difoit un Seigneur de grande diftinction : *Port-Royal a pro-*

duit quelques grands Hommes, ils n'ont plus que de la canaille.

Je ne m'amuferai point à infirmer cette premiere préfomption prife en elle-même. Sa fauffeté faute aux yeux de tout le monde. Une regle de droit eft fautive, dès qu'elle ne peut fervir à difcerner l'innocent du coupable, dès qu'on s'expofe en la fuivant à envelopper indifféremment dans la même condamnation le crime & la vertu. C'eft ce qui ne manqueroit pas d'arriver, dans le cas où l'on admettroit cette préfomption. Qu'on l'applique à tout autre Corps qu'à la Société des Jéfuites, à l'Ordre le plus irreprochable, tel que celui dont le très-pieux & très-docte Concina faifoit l'ornement, n'auroit-elle pas toute fa force ? Le *femel malus* feroit prouvé par l'accord général des Hiftoriens qui ont parlé de la mort d'Henri III, le genre de méchanceté eft évidemment le même. On voit d'ailleurs que cette regle de droit difpenfe de l'obligation de chercher toute autre preuve. C'en feroit donc fait de la famille de Saint Dominique à Lisbonne, elle feroit pleinement convaincue de confédération avec le Duc d'Aveiro.

La feconde préfomption de droit eft *qu'un grand crime ne fe commet point fans un grand intérêt.* Qu'on me permette pareillement de douter de la vérité de cet axiome, ou qu'on me dife quel grand intérêt guida Barriere, Chatel, Ravaillac, Damiens, & ce fanatique nommé le Fevre, qui poignarda dans une des cours de l'Archevêché l'Abbé Couet, regardé par certaines perfonnes comme l'auteur du changement & de la rétractation du Cardinal de Noailles. Quand cette maxime feroit univerfellement vraie, les Jéfuites étoient-ils intéreffés à détrôner un Prince qui les avoit toujours honorés de fes bienfaits & de fa protection, pour couronner le Duc d'Aveiro dont ils avoient été conftamment haïs. Coupables au Paraguay, comme on le fuppofe, auroient-ils moins réuffi à implorer la clémence du Roi, qu'à obtenir de l'ufurpateur la confervation des domaines qu'ils avoient envahis ? Songe-t-on que l'intérêt de ce grand Corps, répandu dans tous les Etats de l'Europe, eft de fe ménager l'eftime & l'amitié de toutes les Puiffances ; que l'élévation du Duc d'Aveiro eût été l'époque de l'anéantiffement de la Société. Si fon exécrable complot réuffiffoit par le

moyen des Jefuites, fa haine étoit indif-
penfablement la plus précieufe récompenfe qu'ils euffent à defirer ; la bien-
veillance de l'ufurpateur pour eux conf-
tatoit leur crime à la face de l'univers, ils
perdoient tout en le gagnant.

La conféquence indubitable qu'on tire
de ces deux préfomptions de droit, eft que
ce font eux qui ont machiné l'attentat dont
il s'agit, tant qu'ils ne démontreront pas
par des preuves concluantes que d'autres
qu'eux font capables d'en être les Au-
teurs. Jug. p. 29.

Que penfez-vous, Monfieur, de cette
nouvelle jurifprudence ? Quoi ! il ne fe
fera pas un mauvais coup dans le monde
que je ne fois dévoré d'inquiétude, que
je n'examine avec frayeur les rapports
d'intérêt que l'événement peut avoir avec
moi, que je ne craigne l'application de
quelque préfomption de droit, que je ne
me mette auffitôt en état de vous accufer
& de prouver efficacement que, fi vous
n'avez pas fait le coup, au moins vous
en êtes capable. On n'avoit pas oui parler
jufqu'ici d'une loi femblable. Puifqu'elle
exifte en Portugal les Jéfuites doivent s'y
conformer, j'y confens ; mais quelles
preuves exige-t-on ? Faut-il qu'elles foient

plus concluantes & plus décifives que celles qui font rapportées au procès ? Elles
ont été fuffifantes pour condamner les ac-
cufés au dernier fupplice, & on ne veut
pas qu'elles fuffifent à ces Peres pour prouver que d'autres qu'eux font capables d'un
fi grand crime. Les Conjurés ont-ils été
condamnés par provifion ? Les Jéfuites
chercheront les preuves concluantes qu'on
attend d'eux : mais le Duc d'Aveiro & les
autres n'ont ils été fuppliciés qu'après
avoir été dûement atteints & convaincus
d'avoir commis l'attentat ? Dès lors il eft
démontré que d'autres que les Jefuites ont
été capables d'en être les auteurs.

Je ne poufferai pas plus loin mes ob-
fervations, vous voyez évidemment,
Monfieur, qu'on ne fçauroit faire aucun
fond fur des procédures fi irrégulieres,
qu'un illuftre Magiftrat les tint pour apo-
cryphes dès qu'elles parurent, & en dé-
fendit l'impreffion. Les preuves qui rendent ces Ecrits juftement fufpects font
claires & fenfibles ; elles fuffiront pour
vous, parce que vous vous rendez à la vérité dès qu'elle luit à vos yeux. Mais il eft
quantité de perfonnes qui font avenglées
par le préjugé, & que l'efprit de partia-
lité domine. Un foupçon contre la So-

cieté mis dans leur balance, l'emporte de beaucoup fur une démonſtration qui favoriſeroit la cauſe de ces Peres. Il s'agit de diffiper leurs préventions, s'il eſt poſſible, en leur faiſant toucher au doigt la ſuppoſition de ces pieces.

1°. Elles ſont remplies d'invectives groſſieres & d'injures atroces, indignes par conſéquent de la Majeſté Royale. On n'y attaque pas ſeulement quelques Membres de la Societé, c'eſt le Corps entier des Jeſuites qu'on veut diffamer. Les épithetes de *ſcélérats*, de *Religieux pervertis*, *d'hommes empeſtés*, ne ſont pas épargnées; on leur attribue à tous *une arrogance notoire, outrée, ſcandaleuſe, un eſprit vindicatif, une morale corrompue*, ſans ſonger que c'eſt s'élever hautement & avec la derniere indécence contre les Têtes couronnées qui honorent ces Peres d'une protection particuliere, & leur confient la direction de leur ame.

2°. On n'y voit que des accuſations vagues, aucun fait n'eſt circonſtancié & revêtu de ſes preuves. On prétexte des calomnies répandues à Lisbonne, dans les Provinces & hors du Royaume, ſans produire de témoins qui les ayent entendues. On parle de projets formés à diverſes re-
prifes

prifes d'exciter des féditions dans l'inté-
rieur de la Capitale & dans les Etats de
Sa Majefté Très Fidelle, fans dire comment, & par qui on en a été inftruit. On
fuppofe des avis donnés dans tous les pays
de l'Europe & par tous les couriers, que
le mois de Septembre feroit le dernier de
l'augufte & précieufe vie du Roi ; des lettres du P. Malagrida où font contenues
ces affreufes prédictions avec un ton de
prophétie, fans citer ni les lettres, ni les
perfonnes à qui elles ont été adreffées.

3°. Elles font également injurieufes au
Roi & au Peuple Portugais. Au Roi,
qu'on repréfente fe plaignant à la face de
l'Europe de s'être laiffé gouverner par des
Religieux, de n'avoir retenu pour lui que
le titre de Souverain, tandis qu'ils en
avoient le pouvoir, ufurpant dans toutes
les affaires un defpotifme abfolu : au Peuple, à qui l'on reproche d'avoir été la
dupe de fa credule fimplicité, de s'être laiffé féduire par d'infâmes fuggeftions, des
propheties facriléges, des difcours fédi-
tieux, jufqu'à oublier *les premiers & principaux devoirs de la charité envers le pro-
chain & de la foumiffion due à fon Roi.*
Adreffer un pareil manifefte à des fujets, ne
feroit-ce pas leur donner en bonne forme

E

des Lettres - Patentes d'imbecillité?

4°. Quoi de plus comique que l'enthousiasme dont est transporté l'Auteur du Manifeste , lorsqu'il déclame contre ces distinctions scholastiques , *in actu* 1°. *in actu* 2°. *speculativè , practicè*. Dans l'accès de son zele il assure que si *Socrate, Platon , Demosthene , Ciceron & Seneque revenoient au Monde , ils ne pourroient s'empêcher de tonner de toute la force de leur éloquence contre ces frivoles distinctions.* Au défaut de ces grands Personnages , pourquoi l'Auteur n'exerce-t-il pas ses talens oratoires sur un sujet qu'il juge si piquant ? Il réussiroit à coup sûr. Il montre du feu dans quelques endroits , dans d'autres de l'érudition , il a lu les Peres & les Casuistes, il cite l'Histoire à propos , que lui manque-t-il ? Il auroit la gloire d'exécuter ce que Demosthene & Ciceron n'entreprendroient sûrement pas , s'ils revenoient au Monde , ou bien il faudroit leur persuader auparavant que sans la lecture des Casuistes & de leurs vains subterfuges , Philippe n'eût jamais formé le dessein d'envahir la Grece , ni Catilina le complot de perdre le Sénat & sa Patrie.

Cet ennemi déclaré des distinctions ne

peut encore fouffrir que les Jéfuites dif-
tinguent leur Societé qu'ils appellent *les
nôtres*, de la Societé chrétienne & civile
qu'ils nomment celle des *externes* ; il
leur fait un reproche amer de ce que celle-
ci eft en danger de fe diffoudre par le dé-
fordre & la confufion qui y regnent, tandis que l'autre au contraire n'eft toute entiere qu'union, concorde, accord, fubor-
dination aux Supérieurs. Notre Ariftarque
ne vous paroîtra-t'il pas, Monfieur, être
d'humeur un peu jaloufe ? Qu'il gémiffe
fur les paffions qui nous divifent, & fur
les crimes qu'enfantent ces divifions ; qu'il
défire de réformer notre Societé des externes, & qu'il commence cette importante réforme par lui-même, on applau-
dira à fon zele ; mais pour cela il ne faudroit pas faire un crime à ces Peres d'être
unis entr'eux, ils le doivent, puifqu'ils
font liés les uns aux autres par les nœuds
les plus facrés ; ni d'être fubordonnés à
leurs Supérieurs, ils ne peuvent faire autrement, puifqu'ils s'obligent par vœu
à leur obéir.

5°. En comparant les brochures Portu-
gaifes avec celles qu'ont écrit dans tous
les tems les ennemis des Jefuites, on y
trouve un air de famille, fi j'ofe parler

ainſi, qui décele leur origine & fait ſoup-
çonner entr'elles quelque degré de parenté.

Facies non omnibus una,
Nec diverſa tamen qualem, decet eſſe ſororum.

Vous ſçavez, Monſieur, que les Par-
tiſans de l'Evêque d'Ypres ont un certain
nombre d'ouvrages qu'on peut appeller
Capitaux, parce qu'ils ſont la ſource de
ceux qui ont été faits depuis, qu'on fait
aujourd'hui, & qui ſont à faire. De ce
nombre ſont le plaidoyer d'Arnaud, le
Cathéchiſme de Paſquier, les Lettres de
Paſcal, la Morale pratique, le Théâtre
Jéſuitique & quelques autres. Ces volu-
mes raſſemblés forment un puiſſant bou-
levard, une tour reſpectable, d'où ces
Meſſieurs battent en breche la Doctrine
des Jéſuites. C'eſt de-là que leurs cham-
pions détachent, & les traits dont ils
percent le Moliniſme avec la Conſtitu-
tion, & les boucliers impénétrables dont
ils ont beſoin pour ſe couvrir. Ces Livres
ſont ſi pleins de choſes, qu'ils peuvent
tenir lieu d'une Bibliotheque entiere:
ce ſont des mines inépuiſables qu'on ne
ceſſe de fouiller avec ſuccès ; il eſt permis à chacun de les exploiter, & d'enlever tout ce qui peut le parer ou l'en-
richir. Vous allez voir que les Auteurs

du Jugement & du Manifeſte ont pro-
fité de la permiſſion ; que c'eſt de là qu'ont
été tirés les matériaux qu'ils ont habile-
ment mis en œuvre. Deux pages du Plaidoyer d'Arnaud vous indiqueront la trace
qu'ils ont ſuivie.

» Quel langage, *diſoit, il y a plus de*
» *cent ans, M. Arnaud,* quelle voix pour-
» roit ſuffire pour exprimer *les conſeils*
» *ſecrets, les conjurations,* plus horribles
» que celles des Bacchanales, *qui ont été*
» *tenues dans leur Collége rue ſaint Jac-*
» *ques & dans leur Egliſe rue ſaint An-*
» *toine ?* Ou eſt-ce que les Agens d'Eſpa-
» gne, Mandoſſe, d'Aguillon, Taxis, Fe-
» ria, & autres *ont fait leurs aſſemblées les*
» *plus ſecrettes, ſinon dans les Jéſuites ?*
Plaid. p. 13 C'eſt ſur ce modele qu'ont
été calquées la conſédération des Jeſuites avec le Duc d'Aveiro, & leurs com-
munes délibérations dans les Maiſons
de ſaint Antoine & de ſaint Roch. » Qui
» fit cette réponſe ſanglante contre l'A-
» pologie catholique, ſinon les Jeſuites,
» *qui employoient toutes leurs études pour*
» *dire, contre la Perſonne & les droits*
» *de Sa Majeſté régnante, ce qui ſe peut*
» *excogiter de faux & de calomnieux au*
» *Monde.*« Voilà les calomnies & les pro-

pos séditieux qu'on leur prête contre Sa Majesté Très-Fidelle.» Qui sont ceux qui » ne vouloient point bailler absolution » aux Gentilshommes, s'ils ne promet- » toient de se liguer contre leur Roi » très-catholique & auquel ils ne pou- » voient rien objecter, sinon qu'*il ne s'é- » toit pas laissé mourir sitôt que leurs Ma- » giciens avoient prédit ?* « Vous voyez l'abus du saint Ministere & les fausses prédictions qu'on met sur le compte du Pere Malagrida. » Ne fut-ce pas Varade » qui exhorta & encouragea ce meurtrier, » (Barriere) *l'assurant qu'il ne pouvoit » faire œuvre au monde plus méritoire que » tuer le Roi & qu'il iroit droit en Pa- » radis ?* Reconnoissez-vous là le discours qu'on met dans la bouche du Jésuite Italien ? Si vous voulez poursuivre la comparaison , vous trouverez l'empire des Jésuites au Paraguay , l'oppression des Indiens, l'enlèvement de leurs thrésors, aux pages 34 & 35. du même Plaidoyer. Ce n'est pas tout, l'Auteur du Manifeste n'a pas précisément imité, il a traduit & adopté quelques pages d'un livre moins connu certainement du Conseil de Portugal, que des Disciples de saint Cyran. Il a pour titre, *Tuba altera*

de neceffitate reformandi Societatem Je-
fu. Seconde trompette qui publie la né-
ceffité de réformer les Jéfuites. Cet ouvrage imprimé en 1714. eft d'un Ano-
nyme déguifé fous le nom de *Liberius*
Candidus. Quel qu'il foit, on peut con-
jecturer que de fimple trompette il fera
parvenu aux grades les plus diftingués de
la Milice Auguftinienne. Il mérite l'éloge
que Virgile donne à Mifene.

Quo non præftantior alter,
Ære ciere viros, Martemque accendere cantu.

Son Livre eft fi analogue au but que
s'eft propofé l'Auteur du Manifefte, que
celui-ci n'a pas fait difficulté d'en copier
quelques morceaux : je vais en citer un
exemple.

XLVII. Parmi ces grands hommes il
n'en eft point, *dit-il p.* 37. qui ait brillé
avec plus d'éclat par fa fcience & fes vertus que le célébre Docteur Melchior Cano,
Evêque de Canaries : Voici comme il s'explique dans la Lettre qu'il a écrite au
Pere Regla de l'Ordre de faint Auguftin,
Confeffeur de l'Empereur Charle-Quint.
Plaife à Dieu qu'il ne m'arrive pas ce que
la fable dit être arrivé à Caffandre, &c. *.

* *Primus occurrit Melchior Canus, Epifco-*
pus Canarienfis, celebris Doctor, facri ordi-

XLVIII. Arias Montanus, célèbre Bibliothécaire du Roi d'Espagne Philippe II. Eccléfiaftique du mérite le plus diftingué, très-verfé dans les Saintes Écritures, qui réunifloit une grande piété à un profond fçavoir, s'exprime ainfi dans une Lettre qu'il écrivit à ce Monarque, datée d'Anvers le 18 Février 1571.»Comme ferviteur fidele & plein de reconnoiffance envers Sa Majefté, †.

XLIX. Le Bienheureux Frére Jérôme Baptifte de la Nuza, Evêque d'Arragon, Prélat illuftre par fa fcience & fes vertus s'énonce de la même maniere dans fon Mémorial préfenté au Pape Paul V., en l'année 1612. *.

nis *Prædic. in Epift. ad Patrem Regla, Ordinis S. Auguftini, Carolo V. à facris Confeffionibus. Utinam mihi quod olim Caffandræ non accidat cui, non eft data fides, donec Troja incendio periiffet, &c. Tuba altera, p. 1.*

† *Deinde Arias Montanus S. Jacobi Eques, Philippi II. Catholici Regis Bibliothecarius, divinis in fcripturis, rebufque Theologicis verfatiffimus, qui pietatem magnam pari cum eruditione conjunxit, de Jefuitis fic loquitur in Epift. ad Philipp. II. anno 1751. fcriptâ tanquam fidelis & obligatus fervus fecundum fimplicitatem chriftianam, &c. p. 2.*

* *Hyeronimus - Baptifta de Lanuza Ord. præd. Epifcopus Balbaftrienfis & Albarcenfis,*

L. Dès le tems que le vénérable Jean de Palafox écrivoit au Pape Innocent X., sa lettre du 8 Janvier 1649. les maux que ces Religieux avoient déjà faits à l'Eglise & à l'Etat étoient excessifs, comme ce vénérable Prélat le fait voir articles 111. & 112. » Quel autre Ordre de Re- » ligieux, dit-il a excité autant de trou- » bles, a produit tant de difputes, &c. *.

Je ne défefpererois pas, Monfieur, de faire des découvertes plus importantes, fi j'avois la faculté de me procurer, & furtout la patience de lire les fatyres qu'on a vomies contre la Société. Ces Meffieurs fe copient avec d'autant plus de liberté qu'ils font Plagiaires impunément. Quelle aifance n'ont-ils pas pour cela! Les fources bourbeufes où ils puifent font inconnues à tous les honnêtes gens; le hafard feul peut faire découvrir leurs larcins.

6°. Grace aux préfomptions de droit,

vitæ fanctimoniâ illuftris in Memoriali anno 1612. dato ad Paulum V. C. 2. §. 1. Dicit, p. 9 .10.

* Similia multa imò & iis graviora de Jefuitis conqueritur ac teftificatur illuft. D. de Palafox in Epift. ad Innoc. X. ecquæ alia Religio tantas aliis Religionibus, Clero, Epifcopis, turbas commovit, æmulationes peperit, querelas concitavit, &c. p. 14. 15.

dont on vient de nous apprendre l'ufage, n'eſt-il pas ſuffiſamment prouvé que ces derniers écrits ſortent de leur boutique ? Ils ont déjà fabriqué des pieces fauſſes dans tous leurs points. Sous nos yeux, au mi- lieu de la Capitale, bravant inſolemment l'indignation du Roi, que ne pouvoit manquer d'exciter contr'eux un Arrêt ſup- poſé du Conſeil d'Etat, ils l'ont fait dé- biter par-tout le Royaume, publier dans les Gazettes, ſignifier par un Huiſſier, & combien de grues avoient le bec ou- vert en conſéquence pour ſaiſir la préten- due proye que devoient lâcher les Jéſui- tes. Ne doit-on pas préſumer que des Fauſſaires aſſez hardis pour mettre à la tête de leurs calomnies l'auguſte nom de leur Souverain, n'auront pas reſpecté davan- tage celui de Sa Majeſté très-Fidelle ? *Se- mel malus ſemper præſumitur eſſe malus in eodem genere mali.* Ils ne ſçauroient non plus éluder le poids de la ſeconde préſomption ; il eſt notoire qu'ils n'ont pas d'intérêt plus cher que d'anéantir la Société : leur volonté ſur cela n'eſt pas cachée, ils n'en font pas myſtere. Au lieu de l'Oraiſon dominicale, leurs Directeurs recommandent aux Dévotes une priere pleine d'onction, pour demander à Dieu qu'il lui plaife, ou changer les Jéfuites, ou les exterminer. *Je fuis forcé, ô mon Dieu, de vous faire cette double priere, dont la premiere partie part d'un cœur tout-à-fait tendre pour ces pauvres malheureux, & la feconde, d'un cœur encore plus tendre pour l'Eglife ma Mere.* (Effufion de cœur.) Les bons enfans, qu'ils ont le cœur tendre ! Il feroit bien fâcheux qu'ils n'euffent pas plus de part un jour à l'héritage de leur Mere, qu'ils n'en ont aujourd'hui à la fuc-fion d'Ambroife Guis. *La conféquence indubitable qu'il faut tirer de ces deux préfomptions de droit eft que ce font eux qui ont forgé les piéces dont il s'agit, tant qu'ils ne démontreront point, par des preuves concluantes, que d'autres qu'eux font capables d'en être les Auteurs.*

P. S. Je reçois une nouvelle brochure avec ce titre faftueux, *Forfaits des Jéfuites Portugais.* Difpenfez-moi de vous en rendre compte, parce que ce libelle ne contient rien que vous n'ayez déjà lû. Le Parti a voulu répondre aux *Nouvelles Piéces intéreffantes,* &c. Mais manquant de raifons & d'Ecrivains qui les fiffent valoir, il n'a pû le faire autrement qu'en rajeuniffant quelque piece de M. Arnaud. Je vous l'ai dit, ces frélons ftériles ne peuvent plus vivre que du travail d'autrui. Ils ont compilé la *Morale pratique*, extrait le Mémoire du Frere Villalon, Religieux Laï de l'Ordre de S. François, imaginé un autre titre, le livre s'est trouvé fait. Leurs écrits ressemblent à ces cabarets peu fréquentés, qui changent de décoration à chaque nouveau bail. L'édifice reste le même, on se contente de récrépir les murailles, de barbouiller la façade, & de changer l'enseigne. Je ne puis vous donner une idée plus juste du travail de l'Editeur. Dans sa courte préface il désigne le Gazetier Eccléfiastique sous le nom de *Respectable Auteur*. Je vous en avertis, vous pourriez y être trompé : ensuite il s'excuse modestement de réfuter les *Nouvelles Piéces*. Sentant que l'entreprise feroit au-dessus de ses forces, il laisse ce soin *à une main de Maître*. Vous voyez à qui s'adresse ce compliment. Le Coriphée, dont il avoue les talens supérieurs aux siens, n'est autre que le Gazetier. Il faut être humble pour le dire, & bien mince sujet pour accuser vrai, en le disant. Je suis avec respect, &c.

11 *Juillet* 1759.

F I N.

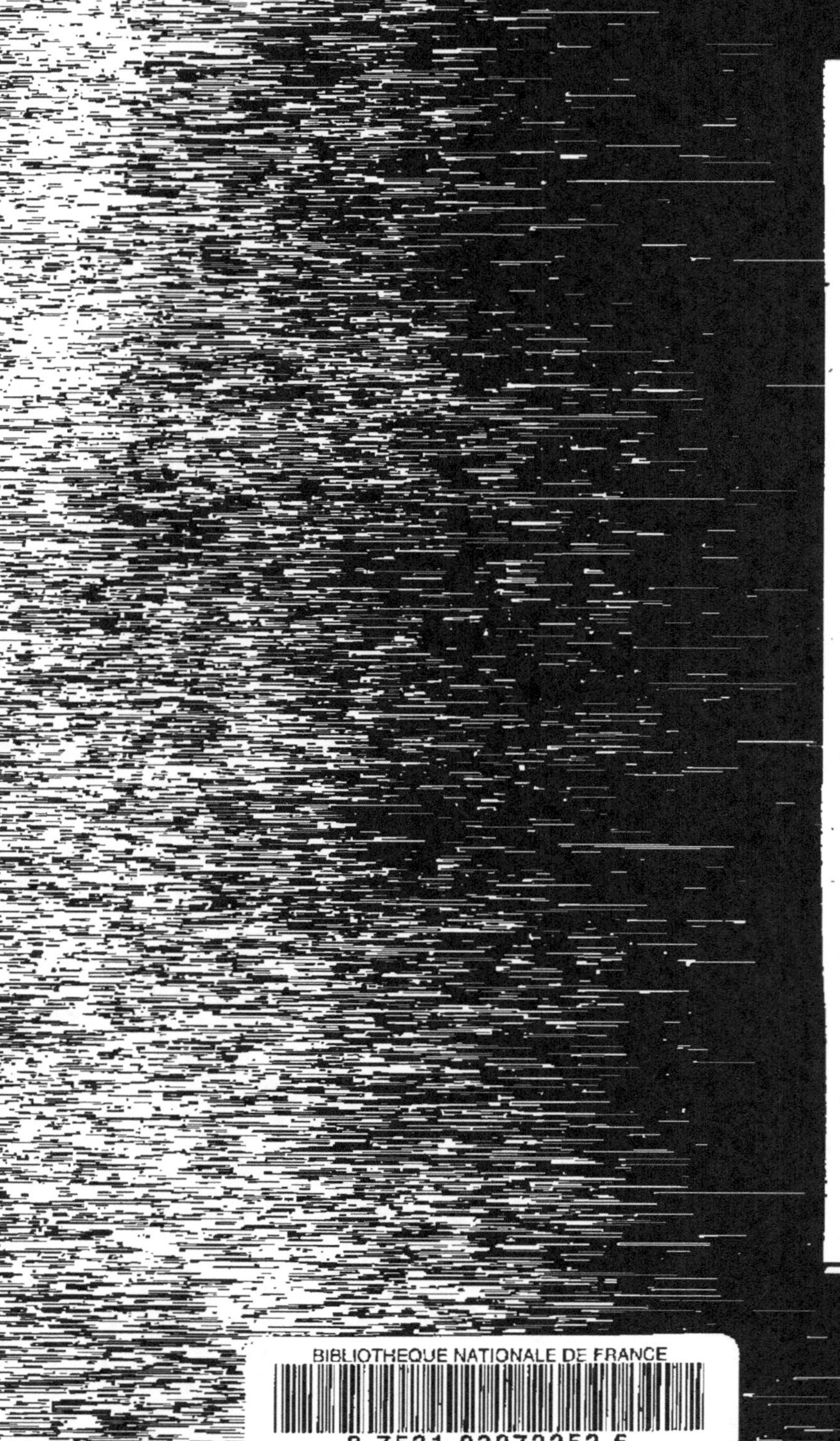